OBJETS D'ART

ET

D'AMEUBLEMENT

PROVENANT

Du CHATEAU de VAUX-PRASLIN

PREMIÈRE VENTE

Les Lundi 3, Mardi 4 et Mercredi 5 Avril 1876

EXPOSITIONS :

PARTICULIÈRE	PUBLIQUE
Le Samedi 1er Avril 1876.	Le Dimanche 2 Avril 1876.

Mᶜ CHARLES PILLET,	M. CHARLES MANNHEIM,
COMMISSAIRE-PRISEUR,	EXPERT,
10, rue de la Grange-Batelière.	7, rue Saint-Georges.

CATALOGUE

DES

OBJETS D'ART

ET D'AMEUBLEMENT

Anciennes Porcelaines de Sèvres, de Saxe, de la Chine et du Japon ;

Belle Cruche en grès de Flandre ; Aigles en terre émaillée ;

Orfévrerie ; Sculptures en marbre ; Bronzes d'art du temps de Louis XIV ;

Pendules, Candélabres, Bras-appliques, Chenets, Flambeaux,

des époques Louis XIV, Louis XV et Louis XVI ;

Très-beau Régulateur Louis XVI très-richement garni de bronze doré ;

Beaux Écrans en bois doré et Tapisserie des Gobelins ;

Belles Commodes en marqueterie de Boulle ;

Beaux Meubles des époques Louis XIV, Louis XV et Louis XVI :

Meubles en bois sculpté et doré des mêmes époques ;

Beau Lit du temps de Louis XVI ;

BEAUX MEUBLES DE SALON COUVERTS EN TAPISSERIE

dont un du temps de Louis XIV, un autre du temps de Louis XV

et un autre du temps de Louis XVI ;

Suite de TROIS TRÈS-BELLES TAPISSERIES d'après Boucher ;

Belle Tenture de lit en tapisserie ;

LE TOUT PROVENANT

Du CHATEAU DE VAUX-PRASLIN

ET DONT LA VENTE AURA LIEU

HOTEL DROUOT, SALLE N° 1

LES LUNDI 3, MARDI 4 ET MERCREDI 5 AVRIL 1875,

A DEUX HEURES.

Par le ministère de **M° CHARLES PILLET**, Commissaire-Priseur,

10, rue de la Grange-Batelière,

Assisté de **M. CHARLES MANNHEIM**, Expert, 7, rue Saint-Georges.

Chez lesquels se trouve le présent catalogue.

EXPOSITIONS : PARTICULIÈRE : le Samedi 1er Avril 1876,

PUBLIQUE : le Dimanche 2 Avril 1876,

DE UNE HEURE A CINQ HEURES.

CONDITIONS DE LA VENTE.

Elle sera faite au comptant.

Les adjudicataires payeront *cinq pour cent* en sus des enchères.

L'exposition mettant le public à même de se rendre compte de l'état des objets, il ne sera admis aucune réclamation une fois l'adjudication prononcée.

Ce Catalogue se distribue :

A PARIS

Chez MM. CHARLES PILLET, Commissaire-Priseur, rue de la Grange-Batelière, 10.

CHARLES MANNHEIM, Expert, rue Saint-Georges, 7.

A L'ÉTRANGER.

Londres, chez MM.	F. DAVIS, 51, Pall Mall.
—	H. DURLACHER, 9, King street, Saint-James square.
—	MYERS AND SON's, 171, New Bond street.
Bruxelles,	ÉTIENNE LEROY, 8, rue des Chevaliers (avenue de la Toison-d'Or).
—	STROOBANTS, 9, boulevard d'Anvers.
Berlin,	LEPKE, Unter den Linden.
—	FIOCATI, Unter den Linden.
Vienne,	KAESER, 2, Bogner-Gasse.
Francfort-sur-Main,	LOEWENSTEIN frères, Zeil.
—	GOLDSCHMIDT frères, Zeil.
Cologne,	BOURGEOIS frères.
Rotterdam,	LAMME, Conservateur du Musée.
Amsterdam,	BOASBERG, Kalverstraat.
La Haye,	SWAAB.
Florence,	RIBLET, marchand de curiosité.
Rome,	CASTELLANI.
Saint-Pétersbourg,	NEGRI, perspective Newski.

Paris. — Typ. PILLET fils aîné, 5, rue des Grands-Augustins.

DÉSIGNATION DES OBJETS

PORCELAINES DE SÈVRES

1 — Belle soupière ovale à quatre pieds, avec couvercle
surmonté d'un groupe de légumes et avec grand plateau
à deux anses, en ancienne porcelaine de Sèvres pâte
tendre à fleurs gaufrées en relief et bouquets peints en
couleurs avec bords rehaussés de hachures bleues.
Époque Louis XV.

2 — Deux seaux, première grandeur, en ancienne porcelaine de Sèvres pâte tendre, décorés de larges bouquets
de fleurs et rehaussés de filets bleus.

3 — Seau analogue à ceux qui précèdent, mais un peu plus
petit.

4 — Écuelle à deux anses avec couvercle et plateau ovale
en ancienne porcelaine de Sèvres pâte tendre, fond
gros bleu et médaillons de fleurs encadrés d'ornements
d'or.

5 — Petite écuelle avec couvercle et plateau en ancienne
porcelaine de Sèvres pâte tendre, fond brun et frises et
médaillons de fleurs. Époque Louis XVI.

6 — Sucrier en vieux Vincennes, fond bleu lapis et médaillons d'oiseaux.

7 — Bourdaloue en ancienne porcelaine de Sèvres pâte
tendre, fond gros bleu et médaillons de fleurs.

8 — Plateau à biscuits à bords festonnés en ancienne porcelaine de Sèvres pâte tendre, à bord bleu, quadrillages, œils-de-perdrix et festons de fleurs.

9 — Tasse de forme arrondie à deux.anses avec soucoupe
en ancienne porcelaine de Sèvres pâte tendre, à quadrillages d'or rehaussés de bleu et décor d'oiseaux dans
des paysages.

10 — Très-petit pot à crème en vieux Sèvres pâte tendre à
rubans vert-pomme et fleurettes peintes.

11 — Confiturier en vieux Sèvres pâte tendre décoré de
fleurs et à filets bleus au bord. Cette pièce a été trans-
formée en encrier.

12 — Grande tasse forme litron à deux anses et à couvercle
avec large soucoupe de forme carrée, à angles arrondis
en ancienne porcelaine de Sèvres pâte tendre fond gros

bleu et médaillons de paysages encadrés d'ornements
d'or.

13 — Tasse de forme arrondie avec soucoupe, en vieux
Vincennes, fond gros bleu et médaillons d'oiseaux.

14 — Tasse de forme évasée avec soucoupe de même porcelaine fond gros bleu et médaillons d'oiseaux en or.

15 — Deux seaux à lobes et à deux anses, en ancienne
porcelaine de Sèvres pâte tendre, décorés de fleurs et à
hachures bleues. Époque Louis XV.

16 — Deux pièces en vieux Sèvres pâte tendre, décorées
de fleurs et à filets bleus. Bol rond à lobes et plateau
oblong à quatre lobes.

17 — Jolie cuvette en vieux Sèvres pâte tendre, à riche décor de bouquets et festons de fleurs.

18 — Tasse de forme arrondie avec soucoupe, en vieux
Sèvres, pâte tendre, décorée d'oiseaux dans des paysages.

19 — Tasse forme droite avec soucoupe de même porcelaine décorée de myosotis et portant la lettre F.

20 — Grande tasse droite avec soucoupe en vieux Sèvres
pâte dure à médaillons d'oiseaux et riche décor d'or.

21 — Groupe de deux figures en ancien biscuit de Sèvres:
Berger et bergère.

22 — Autre groupe en biscuit de Sèvres : Vénus allaitant
l'Amour.

23 — Deux statuettes en ancien biscuit de Sèvres: l'Été et
l'Automne.

24 — Statuette en biscuit de Sèvres : jeune femme debout
battant de la caisse. Époque Louis XVI.

25 — Cabaret sur large plateau formant présentoir en
porcelaine moderne de Sèvres à grilles à jour et décor
de fleurs sur fond noir.

26 — Deux petites caisses carrées fond gros bleu caillouté
d'or et montées en cuivre doré.

27 — Socle ovale en porcelaine tendre fond gros bleu à
médaillons en grisaille et guirlandes en relief dorées.

28 — Statuette en porcelaine blanche : Personnage en
costume Louis XIV.

PORCELAINES DE SAXE

ET AUTRES

29 — Très-belle écuelle à deux anses plates, couvercle et plateau rond, en ancienne porcelaine de Saxe à fond d'or, décorée de médaillons, à sujets d'après Watteau, encadrés d'ornements très-fins, exécutés en or, et de très-petits médaillons en camaïeu rose. Époque Louis XV.

30 — Autre jolie écuelle à deux anses, avec couvercle surmonté d'une grappe de raisin et plateau rond à bord festonné, en ancienne porcelaine de Saxe, à fond jaune et médaillons à sujets Watteau, en camaïeu rose.

31 — Beau pot à l'eau avec plat à barbe, en ancienne porcelaine de Saxe, à sujets Watteau et médaillons encadrés d'ornements d'or.

32-33 — Deux paires de petits seaux, en ancienne porcelaine de Saxe, à anses formées de branchages enlacés et de fleurettes et décorés de bouquets de fleurs.

34 — Grand seau à deux anses, en ancienne porcelaine de Saxe, à bord à rosaces sur fond vert et festons de fleurs et groupes de figures en camaïeu carmin.

35 — Petit seau à côtes et à deux anses, en vieux Saxe, décoré de fleurs, et bord à imbrications bleues.

36 — Encrier en vieux Saxe décoré de fleurs. Il se compose d'un plateau oblong, de deux godets carrés et d'une sonnette.

37 — Seau à lobes et à contours, en vieux Saxe, décoré de fleurs.

38 — Petite jardinière ronde, en vieux Saxe, gaufrée à rosaces et décorée de fleurs.

39 — Deux corbeilles ovales, en ancienne porcelaine de Saxe, gaufrée à vannerie et à deux anses surélevées, rattachées par des mascarons. Elles sont décorées de fleurs.

40 — Deux petits plateaux forme feuille, en ancienne porcelaine de Saxe, à décor de style chinois, à quadrillages variés et fleurettes.

41 — Six tasses forme basse à anse et soucoupes, en vieux Saxe, à bord gaufré et décorées de paysages avec figures.

42 — Huit assiettes, en ancienne porcelaine de Saxe, à bordures à jour, gaufrées à vannerie et décorées de fleurs.

43 — Sept pièces en vieux Saxe, décorées au centre de figures sous des bosquets et au pourtour de guirlandes de fleurs. Trois compotiers, trois assiettes et un petit plat.

44 — Huit assiettes à bords gaufrés et décorées de fleurs, dont sept en porcelaine de Vienne et une en vieux Saxe.

45 — Quatre belles assiettes, en vieux Saxe, à fleurs gaufrées en relief, décor de fleurs et dentelle d'or au bord.

46 — Joli plateau d'écuelle de forme ronde, à bord festonné et découpé à jour et décoré de médaillons de paysages.

47 — Sept belles assiettes en vieux Saxe, à décors variés. Ce lot pourra être divisé.

48 — Coupe ronde à bord gaufré, en vieux Saxe, décorée de médaillons de paysages avec figures et montée sur piédouche en bronze doré.

49 — Deux plateaux forme feuille, en vieux Saxe, décorés de fleurs.

50 — Grand et beau bol à contours, en vieux Saxe, décoré d'oiseaux et à dentelle d'or.

51 — Deux autres bols de même porcelaine, à décors
variés.

52 — Sucrier et tasse en vieux Saxe, à ornements gaufrés
et médaillons sujets de chasse.

53 — Grande et belle tasse à lobes avec soucoupe, en vieux
Saxe, décorée de figures dans le style de Watteau.

54 — Deux tasses avec soucoupes et un pot à crème, en
vieux Saxe, décorés de marines.

55 — Deux tasses avec soucoupes analogues à celles qui
précèdent.

56 — Grande tasse avec soucoupe, également de décors
analogues.

57 — Deux jolies tasses avec soucoupes, en vieux Saxe
décorées de sujets dans le style de Watteau.

58 — Tasse avec soucoupe, en vieux Saxe, à imbrications
bleues et groupes d'amours.

59 — Tasse analogue à celle qui précède, décorée de
fleurs.

60 — Deux tasses de forme basse avec soucoupes, en vieux
Saxe, à bords imbriqués carmin et décorées de groupes
d'amours.

61 — Petit sucrier en vieux Saxe, à décor dans le style de Watteau.

62 — Deux compotiers ovales à contours, en vieux Saxe, décorés d'oiseaux et de fleurs et bords à hachures bleues.

63 — Plateau ovale en vieux Saxe, à ornements gaufrés, décoré de fleurs et d'insectes.

64 — Plateau et trois grandes pièces, en porcelaine de Berlin, décorés de fleurs.

65 — Très-petite écuelle, en vieux Saxe gaufré, et décorée de fleurs.

66 — Deux très-grandes tasses avec soucoupes, en vieux Saxe, décorées de fleurs.

67 — Trois tasses avec soucoupes, en porcelaine de Mayence, décorées de figures d'amours et de bandes de lauriers.

68 — Petit vase pot pourri, en vieux Saxe gaufré à vannerie et décoré de fleurs.

69 — Deux petits vases, en vieux Saxe, à anses formées par des dauphins.

70 — Cafetière en vieux Saxe décorée de médaillons, vues de monuments.

71 — Sucrier en vieux Saxe à fleurs en relief dorées.

72 — Tasse à quatre lobes avec soucoupe décorée d'oiseaux.

73 — Tasse analogue décorée de fleurs.

74 — Deux bourdalous, en vieux Saxe, décorés de fleurs.

75 — Tasse avec soucoupe, en vieux Saxe, décorée de
larges fleurs.

76 — Tasse avec soucoupe à galerie à jour, en vieux Saxe,
décorée de fleurs.

77-79 — Diverses tasses, en vieux Saxe, à décors variés.

80 — Petite écuelle sans plateau, en porcelaine de Berlin,
à bords imbriqués carmin et médaillons d'oiseaux.

81 — Pelle à beurre, en vieux Saxe, décorée de fleurs.

82 — Petit plateau ovale à deux anses, en vieux Saxe, à
bord gaufré et décor de fleurs.

83 — Compotier en vieux Saxe, décor à l'écureuil.

84 — Deux figurines en vieux Saxe : enfant béchant et jar-
dinier.

85 — Petit buste de jeune fille, en porcelaine de Saxe.

86 — Deux tasses à quatre lobes avec soucoupes, à fond
jaune et médaillons de personnages.

87 — Tasse analogue mais à fond bleu.

88 — Dessus de boîte en vieux Saxe, décoré d'une figure
de femme et d'un enfant.

89 — Porte cure-dents, en vieux Saxe, en forme de petit
vase, décoré de fleurs.

90 — Deux figurines en biscuit de Saxe.

91 — Joli groupe de six figures, en porcelaine de Saxe :
jardiniers et jardinières.

92 — Grand vase de forme ovoïde, en porcelaine d'Allemagne à frise, jeux d'enfants en relief et anses têtes de
béliers. Il est décoré en couleurs et rehaussé d'or.

93 — Ecuelle à deux anses avec couvercle et plateau, en
vieux Saxe, décorée de fleurs.

94 — Ecuelle analogue à celle qui précède ; celle-ci a des
ornements gaufrés en relief.

95 — Petite écuelle à deux anses avec couvercle et plateau, en vieux Saxe, décorée de fleurs.

96 — Vingt-deux assiettes en porcelaine de Saxe, décorées de bouquets de fleurs.

97 — Six assiettes en vieux Saxe, à bords gaufrés et décor de fleurs.

98 — Douze assiettes à bords festonnés, en vieux Saxe, décorées de fleurs.

99 — Quatre assiettes en vieux Saxe, à bords gaufrés, dont deux à décors d'oiseaux et deux à décor de style chinois.

100 — Deux compotiers, en vieux Saxe, décorés d'oiseaux et de fleurs; bords imbriqués carmin.

101 — Cartel porte-montre, en porcelaine de Berlin, composé d'ornements rocaille et de divers attributs ayant trait au temps.

102 — Deux petits vases forme Médicis, en porcelaine dure, fond gros bleu, médaillons de fleurs et décors d'or.

103 — Petit groupe de quatre figures d'enfants, représentant les saisons, en porcelaine d'Allemagne.

104 — Trois jardinières, dont deux de forme carrée et la troisième formant applique, en ancienne porcelaine de Locré, décorée de fleurs.

105 — Petit vase pot pourri, avec figurines et tronc d'arbre, en ancienne porcelaine blanche de Saint-Cloud. Sur pied en bronze doré.

106 — Cabaret en porcelaine moderne de Sèvres, à décor de figures et d'ornements, composé d'un plateau ovale, de deux tasses avec soucoupes et trois grandes pièces. Le plateau représente le sujet de la récolte du thé.

107 — Pot à l'eau avec cuvette, en porcelaine dure, du temps de Louis XVI, décoré de figures et de festons de lauriers.

108 — Service à dessert, en porcelaine moderne, décoré de fleurs et bords rouges à médaillons. Il se compose d'environ soixante pièces.

PORCELAINES DU JAPON

109 — Deux grandes et belles potiches à couvercles en ancienne porcelaine du Japon à riche décor de fleurs, paysages et ornements en bleu, rouge et or.

110 — Deux autres grandes et belles potiches, de même porcelaine et de décor analogue. Celles-ci offrent dans

leur pourtour des figures de femmes dans des paysages et leurs couvercles sont surmontés de figures de femmes japonaises debout.

111 — Deux autres belles potiches un peu moins grandes que celles qui précèdent, décorées de paysages avec fabriques et figures d'animaux en bleu, rouge et or.

112 — Deux autres potiches de très-belle qualité en ancienne porcelaine du Japon à décor en bleu, rouge et or à médaillons de personnages sur fond à rosaces et quadrillages.

113 — Deux jolies potiches à pans en ancienne porcelaine du Japon, décorées d'arbustes et d'oiseaux en bleu, rouge et or, rehaussé de vert et à lambrequins ornés à bordures bleues. Les couvercles sont surmontés de chimères dorées.

114 — Deux potiches sans couvercles en ancienne porcelaine du Japon à bordure découpée, décorées en camaïeu bleu et à entre-deux décoré d'oiseaux et de fleurs.

115-117 — Trois potiches à riches décors variés en bleu, rouge et or. L'une d'elles n'a pas de couvercle. Elles seront vendues séparément.

118 — Deux cachepots de forme cylindrique à anses têtes de lion, en ancienne porcelaine du Japon à décor de fleurs en bleu, rouge et or.

119 — Deux figures de femmes japonaises debout ; leurs
vêtements sont décorés de fleurs en bleu, rouge et or.

120-123 — Huit plats ronds en ancienne porcelaine du
Japon de décor et dimensions variés. Ce lot sera divisé.

124 — Grand plat rond et creux en ancienne porcelaine du
Japon à décor en bleu, rouge et or à figures, fleurs et
ornements.

125 — Petit plat rond et creux en vieux Japon à décor de
fleurs en bleu, rouge et or rehaussé de vert.

126 — Bol en vieux Japon à décor en bleu, rouge et or.

127 — Onze pièces, plats et assiettes, de même porcelaine
et de décor analogue.

128 — Deux salières ovales en ancienne porcelaine du
Japon, à grilles découpées et double fond.

129 — Trois plateaux forme feuille en vieux Japon à décor
en bleu, rouge et or : la femme au parasol.

130 — Grosse théière en vieux Japon à décor de fleurs.

131 — Diverses petites tasses avec soucoupes en vieux Japon.

PORCELAINES DE LA CHINE

132 — Très-beau vase en forme de potiche à couvercle en
ancienne porcelaine de Chine à fond rouge carmin et
médaillons de formes variées, renfermant des fleurs et
des volatiles, décorés en émaux de la famille rose. Très-
rare et belle qualité.

133 — Beau vase en forme de balustre élancé à couvercle,
en ancienne porcelaine mince de la Chine à médaillons
de personnages émaillés en couleurs, encadrés d'ornements en camaïeu bleu et sur fond rehaussé d'or. Il est
garni d'une gorge, d'un socle à tore de lauriers et de
deux anses à mascarons en bronze ciselé et doré.

134 — Deux jolis petits vases en forme de balustre à ouver-
ture large, en ancienne porcelaine de Chine, décorés de
figures et de fleurs émaillés en couleurs.

135 — Coupe ronde et évasée en ancienne porcelaine de
Chine, fond gros bleu rehaussé d'or à l'extérieur, et
offrant à l'intérieur des poissons de couleurs variées.
Monture à trépied du temps de Louis XIV, en bronze
ciselé et doré.

136 — Ecritoire formée d'un plateau en ancien laque du
Japon à décor d'or sur fond noir, et représentant une
des places publiques de Rome. Il est monté en bronze

doré et supporte divers godets dont deux sont en cristal de roche et les quatre autres en céladon bleu turquoise. Deux branches porte-lumière sont garnies de fleurettes émaillées bleu turquoise.

137 — Deux très-jolis flacons carrés à couvercles plats, en ancienne porcelaine de Chine à décor d'oiseaux et de fleurs émaillés en couleurs et garnis d'une monture en argent gravé du temps de Louis XIV.

138 — Deux jolis petits cornets en ancienne porcelaine de Chine à fond rose et fleurs émaillées en couleurs, sur socles en bronze doré.

139 — Deux groupes en ancienne porcelaine de Chine composés chacun de deux figures d'hommes combattant ; sur terrasses en bois sculpté, doré et peint.

140 — Deux chiens assis en ancienne porcelaine de chine montés sur des socles carrés en bronze doré.

141 — Six assiettes en ancienne porcelaine de chine fond bleu fouetté et médaillons, fleurs et chimères.

142 — Huit assiettes en vieux chine à sujet de style européen émaillé en couleurs et bordure d'ornements rehaussée d'or. Collection de la duchesse de Montebello.

143 — Six belles asssiettes en vieux chine décorées d'un

groupe de personnages émaillés en couleurs et bordures
d'ornements dorés.

144 — Cinq assiettes de même porcelaine décorées d'un
groupe de figures dans un paysage.

145 — Deux vases pots-pourris de forme sphérique en terre
de boccaro à feuillages rouges sur fond jaunâtre. Ils sont
garnis de gorges du temps de Louis XIV en cuivre
gravé.

146 — Deux vases modèle rouleau en vieux chine à décor
de personnages en camaïeu bleu.

147 — Vase de forme ovoïde à côtes en vieux chine à médaillons de fleurs en émaux de la famille rose et fond
noir rehaussé de feuillages verts.

148 — Trois petits vases modèle potiche à décor émaillé en
couleurs.

149 — Deux groupes de deux enfants en vieux chine de
style européen.

150 — Encrier formé de trois godets en forme de fruits en
vieux chine garnis de bronze et montés sur un plateau
en laque en forme de feuille.

151 — Encrier formé de deux écureuils, d'un godet et d'une

figurine en vieux chine, montés sur un plateau en laque
et garnis en bronze. Il forme flambeau.

152 — Petit plateau forme feuille en céladon vert d'eau à
fleurs en relief.

153 — Deux pièces en vieux chine : flacon à thé fond carmin
et vase à fond bleu et médaillons de paysages.

154 — Plat rond et creux en vieux chine à décor en émaux
de la famille verte ; figures dans un paysage et ornements.

155 — Plat rond en vieux chine décoré d'un groupe de
larges fleurs et feuillages en émaux de la famille verte.

156 — Plat rond en vieux chine décoré de fleurs et d'ornements émaillés en couleurs.

157 — Plat rond à bord festonné en vieux chine décoré de
fleurs en émaux de la famille rose.

158 — Petit plat et compotier de même qualité.

159 — Quatre compotiers en vieux chine, à bord festonné
en pointes et décorés de fleurs et d'ornements en émaux
de la famille rose.

160 — Jardinière de forme rectangulaire en céladon bleu
turquoise.

161 — Petit plateau reposant sur quatre pieds à têtes chimériques en céladon bleu turquoise.

162 — Dix assiettes en vieux chine à décors variés.

163 — Deux cache-pots avec plateaux en vieux chine à décors en camaïeu bleu.

164 — Petit vase de nuit en vieux chine à décors en émaux de la famille verte à fleurs et oiseaux.

165 — Plat ovale à décors émaillé en couleurs à fleurs et ornements.

166 — Plat rond à pans en vieux chine à médaillon de paysage et oiseaux.

167 — Deux vide-poche en vieux chine, formés de figurines d'enfants agenouillés.

PORCELAINES DIVERSES

168 — Deux curieux petits monuments en ancienne porcelaine italienne. Le fond est décoré de fleurs et de paysages. Le bord inférieur est garni d'une galerie découpée servant de base à quatre figures debout supportant la partie supérieure dômée et découpée à jour. Ces pièces sont décorées en couleurs et rehaussées d'or.

169 — Figure de Vénus nue couchée et endormie en ar.-
cienne porcelaine blanche italienne.

170 — Cabaret solitaire en biscuit de Wedgwood à figures
et ornements, réservés en blanc sur fond bleu. Il se
compose d'un plateau ovale, d'une tasse avec soucoupe
et quatre autres pièces.

171 — Deux corbeilles ovales décorées de myosotis et de
fleurettes.

172 — Deux cuillers à sucre en ancienne porcelaine de
Mennecy décorées de fleurs.

173 — Service de table en ancienne porcelaine de Chan-
tilly à bords gaufrés et décors de fleurs en camaïeu
bleu. Il se compose d'environ deux cents pièces.

174 — Petit groupe en ancienne porcelaine blanche de St-
Cloud : danseur et danseuse.

FAIENCES ET GRÈS

175 — Deux aigles debout sur rochers, en terre émaillée
et jaspée de bleu, de la suite de Bernard de Palissy. Ils
sont montés sur des socles Louis XVI en bronze ciselé
et doré à pieds de lions. Pièces rares. Haut. totale,
58 cent.

176 — Très-belle gourde de forme lenticulaire en grès de Flandre émaillée bleu et gris. Elle offre sur une de ses faces une figure de guerrier debout entre deux lions héraldiques ainsi qu'un décor rayonnant. L'autre face présente un médaillon ovale décoré de figures et d'ornements en relief et entouré de feuillages. Dates de 1585 et de 1602. Cette pièce offre dans son pourtour un enroulement découpé à jour destiné à recevoir un cordon de suspension. L'anse a été remplacée par une monture rocaille en bronze ciselé et doré. Pièce rare. Haut. totale, 53 cent.

177 — Petit vase de forme ovoïde en faïence allemande à anses formées de branches de fruits et de fleurs en relief.

ORFÉVRERIE

178 — Deux très grands flambeaux d'église en argent repoussé, du temps de Louis XIII, à têtes de chérubins, groupes de fruits et ornements.

179 — Deux flambeaux analogues à ceux qui précèdent, mais beaucoup plus petits.

180 — Petit miroir avec cadre de forme contournée en argent repoussé à ornements rocaille et têtes de chérubins.

181 — Grosse théière en cuivre repoussé et argenté. Le couvercle est surmonté d'un lion couché.

182 — Deux seaux en cuivre repoussé et argenté du temps de Louis XV.

183 — Deux petits plateaux en filigrane d'argent.

SCULPTURES SUR MARBRE

184 — Marbre blanc. — Jolie figure de jeune femme debout se lavant les mains dans un plateau posé sur un trépied orné de guirlandes de lauriers ; à ses pieds est un mouton couché. Époque Louis XVI.

185 — Marbre blanc. — Buste colossal d'un personnage portant la perruque à rallonges, et l'armure du temps de Louis XIV. Travail de l'époque.

186 — Marbre blanc. — Buste colossal de prélat. Il porte le grand cordon de l'Ordre du St-Esprit.

187 — Marbre blanc. — Médaillon rond offrant en haut-relief le buste d'un personnage vu de profil à droite, portant l'armure et le collier de l'Ordre de la Toison d'Or. xvi siècle.

188 — Marbre blanc. — Sarcophage antique offrant sur la
face et sculpté en bas-relief, un buste d'enfant placé au
centre d'une couronne que soutiennent deux figures de
renommées.

BRONZES D'ART

189 — Statuette équestre du roi Louis XIV, en bronze,
vêtu à l'antique. Socle en bois noir garni de bronzes
ciselés et de deux bas-reliefs représentant des batailles
d'après Van der Meulen. Travail du temps.

190 — Deux statuettes équestres en bronze : Henri IV et
Louis XIV, sur socles en bois noir à moulures et pieds
en bronze ciselé et doré.

191 — Deux belles figures en bronze, pour fontaines, du
temps de Louis XIV. Enfants tritons, grandeur nature,
sonnant de la conque. Belle patine verte.

192 — Groupe en bronze : Louis XIV vainqueur. Sur socle
en marqueterie des trois parties garni de bronzes.

193 — Torse en bronze du roi Louis XIV. Cette pièce, qui
a dû longtemps séjourner dans l'eau, est munie d'une
patine verte d'aspect antique. Sur socle en marbre
veiné de vert.

194 — Joli petit buste d'homme en riche costume et portant la perruque à rallonges du temps de Louis XIV, en bronze ciselé et doré, signé **J. de Grof**. Il est monté sur un petit socle à gorge et à consoles en marqueterie de cuivre sur écaille noire, garni d'ornements de bronze ciselé et doré. Époque Louis XIV.

195 — Statuette équestre de Henri IV, en bronze, sur socle à moulures en marbre blanc. XVIIᵉ siècle.

196 — Petite lampe italienne en bronze, formée d'une tête d'homme posée sur une patte d'oie.

BRONZES D'AMEUBLEMENT

197 — Curieuse pendule en forme d'applique en cuivre gravé et doré, enrichie à sa partie inférieure d'une jolie figure de nymphe en bronze ciselé et doré du temps de Louis XIV. Le socle est en bois noir à moulures.

198 — Grande et belle pendule du temps de Louis XV, en bronze ciselé et doré signée Saint-Germain. Elle se compose de deux figures de chinois agenouillés sur une large terrasse rocaille et supportant le mouvement. Cette pièce est surmontée d'une figurine d'enfant costumé à l'orientale et de guirlandes de fleurs.

199 — Autre pendule Louis XV en bronze doré, composée
de trois personnages costumés à l'orientale et d'un
socle rocaille garni de branchages.

200 — Petite pendule Louis XVI en bronze doré au mat
et marbre blanc, composée de deux figures : l'Amour
couronnant deux cœurs enflammés.

201 — Autre pendule Louis XVI en bronze doré au mat et
marbre blanc : l'Amour debout couronne Vénus qui
l'implore.

202 — Deux candélabres du temps de Louis XVI, formés
chacun d'une figure de femme debout en bronze doré
au mat, tenant un bouquet de fleurs porte-lumières à
trois branches et reposant sur un socle en marbre blanc
garni d'ornements et de guirlandes de fleurs en bronze
ciselé et doré au mat.

203 — Jeu de dés à tirage, avec cage en bronze ciselé
composée d'ornements rocaille. Époque Louis XV.

204 — Deux petits bras à deux lumières, en bronze doré
et peint à branches de fleurs et enrichis d'oiseaux et de
fleurettes en porcelaine de Saxe.

205 — Pendule du temps de Louis XVI, en forme de lyre
en bronze ciselé et doré au mat se terminant par deux
têtes d'aigles reliées par une guirlande de fruits. Le
socle est en **marbre blanc**.

206 — Petite pendule du temps de Louis XV, modèle
rocaille, en bronze ciselé et doré, enrichie d'une figurine
de poussah en ancien blanc de Chine.

207 — Grand et très-beau cartel Louis XV, en bronze
ciselé et doré, modèle rocaille enrichi de deux figurines
d'enfants et de guirlandes de fleurs. Mouvement de
Samson Le Roy.

208 — Deux beaux chenets du temps de Louis XIV, en
bronze ciselé et doré : Neptune et Amphitrite couchés
sur des socles à rinceaux ornés de bas-reliefs représentant des sujets allégoriques ayant trait aux personnages.

209 — Deux très-grands et beaux chenets Louis XV, en
bronze doré, à longues galeries supportées par des pi-
liers à festons de lauriers et surmontées de vases ornés
de festons de lauriers.

210 — Deux grands et beaux chenets du temps de
Louis XVI, en bronze doré, formés de cassolettes à
trépieds sur socles et galeries ornées de tores de chêne
et de branches de lauriers.

211 — Deux beaux chenets du temps de Louis XVI, en
bronze ciselé et doré, composés de rinceaux d'où
s'échappent des figures d'enfants. Modèle connu sous
le nom d'enfants frileux.

212 — Deux beaux chenets du temps de Louis XVI, en

bronze doré, formés de cassolettes ornées de guirlandes
de chêne, supportées par des pieds à rinceaux et reposant sur des galeries à ressauts ornées d'appliques
feuillagées.

213 — Deux chenets du temps de Louis XIV, en bronze
doré, formés de sphinx ailés couchés sur des socles
carrés ornés de rinceaux en relief et supportés par des
consoles placées aux angles.

214 — Deux chenets Louis XIV en bronze : Sphinx couchés sur des socles oblongs à moulures supportés par
des pieds à volutes et mascarons.

215 — Deux grands et beaux chenets Louis XVI, en bronze
doré : Vases ornés de guirlandes de chêne sur galeries
à ressauts ornées de vases et de grenades.

216 — Deux petits chenets en bronze doré, formés de figurines d'enfants sur socles rocaille.

217 — Deux jolis chenets du temps de Louis XV en
bronze doré : Lions tenant un écusson et assis sur un
socle supporté par des consoles ornées.

218 — Deux beaux chenets du temps de Louis XIV en
bronze : Jeune garçon et jeune fille jouant avec des
chiens, sur des socles ornés de rosaces et de mascarons.

219 — Deux chenets rocaille en bronze doré ornés de
figures de chinois. Époque Louis **XV**.

220 — Deux chenets Louis **XIV**, à vases ornés de festons
de fruits et socles à consoles et pieds de lion.

221 — Deux garnitures de pelles, pinces et pincettes à
boutons anciens en bronze doré.

222 — Deux cadres du temps de Louis **XIV**, en bronze
ciselé et doré à cannelures et tore de lauriers et ornés
aux angles d'écussons et de fleurs.

223 — Belle paire de bras-appliques à trois lumières, en
bronze doré, composés de branches à rinceaux s'échap-
pant d'une applique cannelée ornée d'une tête de bélier
en relief et surmontée d'un vase. Époque Louis **XVI**.

224 — Autre jolie paire de bras-appliques de même époque.
Ceux-ci sont ornés de festons de lauriers reliant les
trois branches porte-lumières.

225 — Très-grande paire de bras à trois lumières en
bronze doré ornés de médaillons, bustes en relief encadrés de branches de lauriers. Époque Louis **XVI**.

226 — **Très-belle paire de bras-appliques du temps de
Louis XV, en bronze ciselé et doré à deux branches
rocaille enlacées.**

227 — Très-grande lanterne d'escalier,en bronze de forme
hexagonale, composée de branches de lauriers. Époque
Louis XV.

228 — Autre lanterne en bronze doré du temps de
Louis XVI, modèle à consoles et festons de lauriers.

229 — Deux jolis petits flambeaux du temps de Louis XIV,
en bronze ciselé et doré, simulant un jet d'eau et orné
de coquillages en relief. Modèle rare.

230 — Deux grands flambeaux du temps de Louis XVI, en
bronze ciselé et doré à cannelures, graines, etc.

231-232 — Deux autres belles paires de flambeaux en
bronze ciselé et doré du temps de Louis XVI modèle à
tiges cannelées et feuilles ciselées.

233 — Deux flambeaux du temps de Louis XV en bronze
doré, à tiges triangulaires et pieds à branches de lauriers.

234 — Deux flambeaux du temps de Louis XVI en bronze
ciselé et doré; modèle à trois consoles.

235 — Deux très-petits flambeaux du temps de Louis XVI,
formés de petits fûts de colonnes à rangs de perles.

MEUBLES

236 — Magnifique régulateur en bois d'ébène très-richement garni de bronzes ciselés et dorés à l'or moulu. L'embase offre des quadrillages ainsi que des rosaces et des feuillages ciselés. La gaîne, supportée par une gorge ornée de feuillages et d'ornements ciselés et découpés, offre dans toute sa hauteur et sur ses trois faces de larges moulures ciselées. A la partie supérieure de sa face principale est un médaillon ovale formé de feuilles de lauriers servant d'encadrement à un baromètre. La cage, dont la face est entièrement en bronze ciselé à volutes et ornements, est surmontée d'un fort vase à deux anses et à festons de lauriers, en bronze ciselé et doré. Le mouvement, par Ferdinand Berthoud, est à balancier compensateur et offre trois cadrans d'émail indiquant les heures de jour et de nuit, les quantièmes, les jours de la semaine et les phases de lune.

Cette pièce d'aspect vraiment monumental date des premières années du règne de Louis XVI.

237 — Très-bel écran de cheminée en bois sculpté et doré modèle à consoles et à fronton découpé à jour. Il est garni d'une magnifique tapisserie des Gobelins à décor dans le style de Bérain et enrichie d'une figure de Flore et d'amours soutenant des festons de fleurs. Conservation remarquable.

238 — Écran de cheminée de forme ovale sur pieds à con-

soles en bois sculpté et doré du temps de Louis XVI.
Il est garni d'une feuille d'étoffe de soie à fond bleu
clair, richement brodée en soies de couleurs à médaillon ovale renfermant des volatiles et à encadrement de
forme octogone allongé, entouré de fleurs.

239 — Très-belle commode du temps de Louis XIV en
marqueterie de cuivre sur écaille rouge très-richement
garnie de bronze ciselé et doré. Le dessus offre le sujet
du triomphe de Vénus. Les angles offrent des cariatides
de femmes et de vieillards et chacun des tiroirs des têtes
d'Hercule et des mufles de lion en bronze ciselé et doré.

240 — Bureau à X, partie marqueterie de cuivre et partie
laquée rouge à décor d'or. Les tiroirs sont ornés de
peintures sur verre à sujets chinois en or sur fond noir,
et le dessus laqué à fond noir est décoré d'un site chinois avec figures en or. Époque Louis XIV.

241 — Belle commode régence à trois rangs de tiroirs en
bois de placage, très-richement garnie de bronzes ciselés et dorés à mascarons, figures de génies et ornements.

242 — Beau meuble d'entre-deux ou commode en bois de
placage à quadrilles, richement garnie de bronzes ciselés et dorés. La face offre trois rangs de tiroirs et les
côtés cintrés forment armoires. Époque Louis XIV.

243 — Deux jolies encoignures de forme contournée et

surmontées d'étagères en laque noir à décor d'or à figures et paysages. Riche garniture d'ornements rocaille
en bronze ciselé, portant la marque de Caffieri. Dessus
de marbre brèche d'Alep.

244 — Beau secrétaire droit à angles coupés en laque noir
à décor d'or et incrustations de burgau richement garni
de bronzes finement ciselés et dorés. La frise est formée
de rosaces quadrangulaires reliées par des feuilles et les
angles sont ornés de trophées. Époque Louis XVI.

245 — Beau cabinet fermant à deux portes en ancien laque
du Japon à riche décor en relief en or et couleurs, à
oiseaux et paysages. Il est garni d'ornements en cuivre
gravé.

246 — Jolie commode Louis XVI, à trois rangs de tiroirs,
en bois d'acajou, garnie de moulures et d'ornements
en bronze finement ciselé et doré. Dessus de marbre
blanc.

247 — Secrétaire de même style que la commode qui précède et provenant vraisemblablement de la même suite.

248 — Belle commode du temps de Louis XV, en marqueterie de bois de rose, richement garnie de bronzes
ciselés et dorés à frise, chutes ornées de têtes de béliers
et large mascaron se terminant par des feuilles. Dessus
de marbre bleu turquin.

249 — Secrétaire droit de même modèle et accompagnant la commode qui précède.

250 — Commode Louis XV, en marqueterie de bois à damier, garnie d'ornements de bronze ciselé et doré à frise, chutes à têtes de béliers, etc. Dessus de marbre.

251 — Beau secrétaire droit du temps de Louis XVI, en bois de placage, richement garni de bronzes ciselés et dorés et à médaillons de personnages incrustés d'ivoire ornant la porte à abattant.

252 — Jolie commode de forme cintrée, en marqueterie de bois de couleurs à fleurs, sur fond clair, et garnie d'ornements de bronze ciselé et doré. Dessus de marbre blanc veiné. Époque Louis XVI.

253 — Belle commode du temps de la Régence, en bois de placage, richement garnie de bronzes dorés. Dessus de marbre.

254 — Petite table-bureau, en bois d'acajou, incrustée de filets noirs et garnie de moulures molletées en bronze, les pieds cannelés sont reliés par une tablette d'entre-jambes légèrement échancrée.

255 — Bureau plat du temps de Louis XVI, en bois d'acajou, garni d'ornements et de perles en bronze doré.

256 — Commode du temps de la Régence, en bois de placage et panneaux de laque noir à décor d'or, garnie de beaux ornements rocaille en bronze ciselé et doré. Dessus de marbre brèche d'Alep.

257 — Grand et beau lit du temps de Louis XVI, en bois sculpté, doré et rehaussé de blanc, avec baldaquin supporté par des colonnettes cannelées.

258 — Encrier du temps de Louis XIV, en marqueterie de Boulle et garni de bronze doré.

259 — Boîte de forme rectangulaire et plate, incrustée de cuivre et garnie d'écoinçons en bronze ciselé et repercé à jour.

260 — Petit miroir Louis XIII, avec cadre en bronze ciselé, repercé à jour, à guirlandes de fleurs.

261 — Miroir avec cadre en bois noir, surmonté d'un petit fronton en cuivre doré.

262 — Soufflet en bois sculpté, à cariatides et ornements.

263 — Petit soufflet portant quantité de fleurs de lys, des dauphins ainsi que deux figures de renommées, soutenant la couronne royale, en cuivre jaune.

264 — Petit socle rectangulaire, en bois d'acajou et bois de citron, garni de quelques ornements de bronze.

265 — Petit bureau plat du temps de Louis XV, en bois de placage, garni d'ornements de bronze.

MEUBLES EN BOIS DORÉ

266 — Deux jolies torchères de style Louis XIV, en bois sculpté et doré, modèle à consoles, branchages, et ornements feuillagés.

267 — Baromètre et thermomètre avec cadres en bois sculpté, repercés à jour et dorés, composés d'ornements de coquilles et de fleurs. Epoque Louis XIV.

268 — Joli petit cadre du temps de Louis XIV, en bois sculpté et doré à fleurs, coquilles et corbeille de fleurs.

269 — Très-grande console de style Louis XVI, en bois sculpté et doré, à festons de lauriers et à entre-jambes, surmonté d'un vase à deux anses. Dessus en marbre brèche d'Alep.

270 — Deux consoles d'angles de même modèle que la console qui précède.

271 — Deux jolies commodes du temps de Louis XIV, en bois sculpté et doré, sur fond rehaussé de blanc. Elles sont ornées aux angles de cariatides de femmes, et

dans le bois se trouvent des ornements découpés. Elles offrent deux tiroirs sur leur face principale, et les côtés ferment par des portes.

272 — Console de style Louis XIV, en bois sculpté et doré à ornements découpés et mascarons, et à deux pieds à volutes ornés de dragons et de têtes fantastiques, reliés par un entre-jambes. Dessus de marbre brèche.

273 — Belle console de suspension, en bois sculpté et doré, enrichie de la figure de Saturne et des cariatides en ronde bosse de Flore et de Cérès. Époque Louis XIV.

274 — Autre console de suspension, en bois sculpté et doré, à ornements et mascarons. Même époque.

275 — Très-petit socle carré en bois sculpté et doré, offrant sur deux de ses faces le blason de France et sur les deux autres les L enlacés du roi Louis XIV. Les angles sont ornés de volutes qui se terminent par des têtes de chérubins.

276 — Très - grande console rectangulaire de style Louis XIV, en bois sculpté et doré, à quatre pieds à balustres carrés, reliés par un entre-jambes à volutes, surmonté d'un vase. Dessus en albâtre oriental, encadré d'une moulure en marbre vert campan.

MEUBLES SIÈGES

277 — Très-beau meuble de salon du temps de Louis XIV
en bois naturel sculpté et couvert de très-belles tapisseries à larges bouquets de fleurs sur fond clair. Il se
compose d'un très-grand canapé à joues et de cinq fauteuils.

278 — Meuble entièrement semblable à celui qui précède,
le fond seul diffère; celui-ci est à fond bleu clair. Il se
compose d'un très-grand canapé à joues et de cinq fauteuils.

279 — Très-beau meuble de salon en bois sculpté du temps
de Louis XV, couvert en tapisserie des Gobelins à sujets
champêtres d'après Boucher. Il se compose de deux
canapés et dix fauteuils.

280 — Autre très-beau meuble de salon en bois sculpté et
peint en blanc du temps de Louis XVI, couvert en tapisserie des Gobelins à larges médaillons de fleurs encadrés de guirlandes et de festons de fleurs se déta-
chant en couleurs sur fond vert clair. Il se compose de
deux canapés et huit fauteuils.

281 — Deux petits canapés Louis XVI en bois sculpté et
doré couverts en étoffe de soie à fleurs brochées en soie
et or sur fond blanc.

282 — Très-beau canapé carré ou lit de repos du temps de
Louis XVI, en bois sculpté et doré. Le dossier est surmonté d'un carquois et d'un flambeau reliés par une
couronne de fleurs. Travail très-fin.

283 — Six petits fauteuils Louis XVI pouvant accompagner
le canapé qui précède.

284 — Deux grandes bergères du temps de Louis XV en
bois sculpté et doré et à dossiers garnis d'étoffe de soie
groseille à fleurs blanches rehaussées de vert.

285 — Deux fauteuils du temps de Louis XIV à entre-
jambes en bois sculpté et doré, et foncés en canne
dorée.

286 — Fauteuil analogue à ceux qui précèdent. Celui-ci
n'a pas d'entre-jambes.

287 — Joli petit canapé ou lit de repos du temps de
Louis XVI en bois sculpté et doré, rechaussé de blanc.
Il est foncé en canne dorée et garni d'un coussin couvert
en étoffe de soie à fond blanc, à fleurs brochées et re-
hauts d'or.

288 — Petit fauteuil d'enfant en bois sculpté et doré, couvert d'étoffe de soie groseille à fleurs blanches brochées.
Époque Louis XVI.

289 — Prie-dieu du temps de Louis XVI en bois d'acajou

garni d'ornements en bronze ciselé et doré, et couvert
en velours rouge. Le dossier est orné d'une lyre.

TAPISSERIES

Suite de trois magnifiques tapisseries de Beauvais, à sujets
d'après Boucher et portant à leur partie supérieure les
armes de France et de Navarre. L'une d'elles est signée :
F. Boucher, 1749.

290 — 1° Le triomphe de Bacchus et Ariane. Larg., 8 m.
45 cent. ; haut., 3 m. 60 cent.

291 — 2° Le triomphe de Vulcain. Larg., 6 m. 10. cent.
haut., 3 m. 60 cent.

292 — 3° Vénus et Apollon. Larg., 2 m. 92 cent. ; haut.,
3 m. 60 cent., Ces tapisseries seront vendues séparément.

293 — Belle tapisserie des Gobelins offrant à son centre un
large écusson armorié flanqué de deux licornes et surmonté d'une couronne ducale. L'écusson est placé sous
un arc à plein cintre richement orné et repose sur un
soubassement orné d'un bas-relief enrichi de cornes
d'abondance. Haut., 3 m. 80 cent. ; larg., 2 m. 35 cent.

294 — Autre jolie tapisserie des Gobelins. Au centre, belle
corbeille de fleurs reposant sur des rinceaux couverts en

partie par des draperies ; à droite et à gauche, bouquet
de fleurs, feuillages, et dans le haut festons de fleurs.
Haut., 2 m. 70 cent. ; larg., 2 m.

295 — Très-belle tenture de chambre et de lit en ancienne
tapisserie de Beauvais décorée de festons de fleurs,
de vases, d'arbustes et d'attributs divers. Elle se compose d'une large bonne-grâce pour alcôve, de deux dessus de portes, de quatre panneaux en deux dimensions
(3 m. 90 cent., et 2 m. 75 cent. de haut), une garniture de lit avec pentes et baldaquin, et un couvre-lit. En
tout dix-sept morceaux.

296 — Deux très-belles bonnes-grâces de même tapisserie
formées de draperies et de festons de fleurs. Elles peu-
vent au besoin compléter la tenture qui précède. Haut.
3 m. 95 cent. ; larg., 2 m.